Examinaos a Vosotros Mismos

No se olvide de su primer amor

Mack A. Lary

Examinaos a Vosotros Mismos
Mack A. Lary
Publicado por CLF Publishing, Inc.

ISBN: 978-0-9857372-5-2

Traducido por la doctora Kentrell Liddell (kmliddellmd@aol.com)

Diseño de la portada Senir Design (sd_grpx01@yahoo.com)

Impreso en los Estados Unidos de América.

DEDICACIONES

Mi esposa, Julia, hijos y nietos, que son una fuente de alegría e inspiración en mi vida.

A mis padres fallecidos, que me quería mucho y ellos hizo su mejor esfuerzo para mí subir para vivir una vida Cristiana, así como me animan ser lo mejor Yo podría ser.

Mi hermana, que tomo cuidado de mi padre y mi madre cuando eran incapaces para tomar cuidado de sí mismos; ella hizo un trabajo magnífico; sobrinas y sobrinos, los suegros y otros familiares a quienes amo profundamente.

Muchos pastores y otros líderes espirituales que han sido fundamentales en mi crecimiento espiritual.

Las numerosas personas que han cruzado mi camino y han tenido un impacto positivo.

Mack A. Lary

TABLA DE CONTENIDO

RECONOCIMIENTOS

Primeramente, Doy gracias a Dios por Su amor, a salvación y sus beneficios, por ser mi Pastor, Ayudante, y Señor de mi vida y Gobernante del universo. Además, Doy gracias a Él a través de Su Espíritu Santo por inspirarme a escribir este libro. Es importante entender que Dios no habla a cualquiera o decir nada a menos que sea verdadera, importante, y vale la pena recordar. Cuando Él nos comunica, Él tiene un objetivo particular en mente. Así, es importante para escuchar y obedecer, porque Él ya tiene un plan en mente, y Él lo sabe los resultados.

En segundo lugar, Me gustaría dar las gracias a mi querida esposa por su amor y la paciencia durante los veintisiete años de nuestro matrimonio.

En tercer lugar, Agradezco a los miembros de mi familia y amigos que significan mucho para mí y yo los quiero mucho.

Especial reconocimiento se le da a mi nieta más pequeña, quien compartió la broma siguiente conmigo:

¿Qué hizo la escoba decir cuando se le preguntó por el maestro por llegar tarde a la escuela? Respuesta: Yo overswept.

Aquí está uno que escuché de un comentarista deportivo: Había dos puentes / arranque cables que iban a este lugar de negocio para el servicio. Una vez dentro, el gerente se negó a servirles. Ellos declaró con el gerente para el servicio. El gerente pensó y pensó. Finalmente, dijo, "¡De acuerdo, Yo le servirá siempre y cuando no se empieza nada!"

¡Vale, que no era gracioso para mí tampoco! Dado, lo anterior podría no haber sido muy gracioso, un poco de ligereza juega un papel importante en la vida de un Cristiano. Salomón, hombre más sabio que jamás haya existido dijo, *Un corazón alegre es buena, como la medicina, pero el espíritu triste seca los huesos* (Proverbios 17:22).

INTRODUCCIÓN

Autoevaluación es un proceso para probar la autenticidad de la fe. El procesamiento de los defectos revelados, El camino de Dios, proporcionará liberación de las astringente influencias. La práctica de la autoevaluación nos ayuda para evaluar cómo nuestro caminar se alinea con el perfecto, perpetuo y las normas estáticas de Dios. Guiada por el Espíritu de transformación evolución de la que resulta la Palabra de Dios y las revelaciones son un antídoto para la siguiente:

- Estrés
- Los Problemas mentales y físicos
- El matrimonio, la familia y los problemas sexuales
- Los problemas financieros
- Gubernamental, fiscales y social problemas (incluida la delincuencia)
- De hecho, cualquier problema puede experimentar

Autoevaluación + Amor + Fe + Perdón + Oración + Transformación + Obediencia = Círculo de Ganadores

Es de señalar que la veracidad de la Biblia, inspiración y la infalibilidad no depende de la creencia. La Biblia es una revelación de la Sabiduría Infinita y la omnisciencia de Dios, independientemente de que lo creas o no. La Palabra de Dios es verdadera. Acéptalo, aplicarlo y recibir las promesas de Dios.

Creo que la Biblia es la verdad, la Palabra inspirada

e infalible de Dios y de su voluntad revelada a la humanidad, y si obedecemos a la Palabra de Dios, podemos experimentar Sus promesas. También creo que una de las maneras en que Dios nos llama la atención es a través de un espíritu inquieto. Antes de este escrito, Yo había estado experimentando una agitación en mi espíritu en relación con ciertos transpirations en mi vida así como mi conocimiento de varios incidentes en las vidas de algunos amigos y conocidos. Satanás estaba tratando de tener un día de campo en las vidas de las personas. Vi daño, dolor, la falta de perdón, desconfianza, murmuración, amargura, la percepción del engaño y controlar espíritus. Todo esto fue entre creyentes. Personas resultaron heridas y confundido. ¡Wow!

Hasta el punto de las lágrimas, la siguiente escritura seguía viniendo a mí:

Examínate a ti mismo en cuanto a si usted está en la fe; test yourself.

(2 Corintios 13:5)

Esto llevó a la pregunta, " ¿Somos tan Cristianos que viven en, 'así ha dicho Jehová el Señor?'"

Además, otra Escritura vino a la mente. " *Yo tengo esto contra ti, has dejado tu primer amor,"* (Apocalipsis 2:4). Esto realmente me nudo en la garganta, porque pude ver los rostros y los nombres de las personas a la que este pertenecía. El amor de las personas para Dios y un otro ya no era más importante, respectivamente, en los corazones de la gente. Me dijo, ¡Señor, perdóna nosotros!"

Un día yo estaba en el patio trasero labranza del suelo, pendiente implantación de nuevas plantas. De las plantas recién extraídos, Me di cuenta de pequeños brotes nuevos. Cuando empecé a quitar estos pequeños brotes Me di cuenta de las raíces de varios tamaños. A menudo, las raíces eran más largos que los pequeños brotes, que acababa de comenzar para penetrar la superficie. Hice la analogía entre este y las raíces de albergar ira, amargura, daño, y falta de perdón en los Cristianos. A menos que disminuyó, estos asuntos se convertirá en algo grande e indecoroso.

En lo que respecta a otro asunto, un pensamiento salió que una vez que hemos visto a un médico y no logran curarse de una herida, enfermedad, etc. en un plazo razonable, tenemos que para volver a ver a ese médico u otro un. Es posible que hayamos dejado de tomar la medicación prescrita para el asunto o hecho algo para agravar la herida. A pesar de todo, volvemos a un médico para seguimiento. Igualmente, cuando estamos espiritualmente heridos, y no se curan adecuadamente y / o de una manera oportuna, tenemos que ir a o de nuevo a el Maestro Sanador y el Solucionador de Problemas, que nunca un diagnóstico erróneo de un caso y ya ha proporcionado prescripción correcta para nuestra curación. Tenemos que escuchar y aplicar lo que el Espíritu nos dirige a hacer.

Otra imagen preocupante era el estado de los matrimonios. En particular, la forma en que parecía que Los Cristianos no se preocupan por sus matrimonios y no están poniendo el esfuerzo apropiado en ellos, como ellos debe, para hacer que funcionen. Ellos están orando a Dios acerca de sus matrimonios y las circunstancias, pero no dispuestos a hacer lo que la Escritura prescribe para ellos.

Con lo anterior en mi mente, Experimenté pesadez en mi espíritu. Por consiguiente, Fui al Señor por estímulo, restauración y la fuerza. Como lo hice, la idea entró en mi corazón para escribir. Eso es lo que me impulsó a escribir este libro.

Capítulo Uno

Nuestro Camina / La Palabra de Dios

No sólo es importante para entender el plan de Dios para la salvación, sino también cómo la necesidad de salvación derivado. El hombre fue creado por Dios (Génesis 1:26-27); a Su imagen (Génesis 9:6); y para Su placer y la gloria (Isaías 43:7). Además, el hombre fue hecho maravillosamente (Salmo 139:14-16). Después de que Dios creó al hombre, el hombre cayó de la comunión perfecta con Dios cuando Adán y Eva pecaron al comer el fruto prohibido. Lo que había sido perfecta comunión con Dios y la vida eterna, se convirtió en no más. El hombre se desconectó de esa perfecta comunión y fue retirado del Jardín del Edén. Aunque, Adán y Eva fueron retirados del Jardín, ellos había esperanza de que re-entrada se produciría. A partir de ese momento el proceso de restauración se inició y terminó con la muerte, entierro y la resurrección de Jesucristo. Así, Cristo es la propiciación por nuestros pecados (Juan 2:2).

En el período comprendido entre la caída del hombre y la cruz, nuestros pecados no fueron perdonados. En lugar, sobre una base anual, ellos fueron cubiertos por la sangre de los animales sacrificados. Debido a el amor de Dios para nosotros, Él puso nuestros pecados sobre Cristo, que no conoció pecado. Su muerte en la cruz en nuestro lugar fue para que pudiéramos tener vida eterna, como era el plan cuando Dios creó a Adán. Así, como resultado de la cruz, podemos ser reconciliados con Dios. Ha dado a su Hijo único, para poder tener muchos hijos (Hebreos 2:10).

Antes de proceder, Me parece necesario abordar una de las cosas más importantes que afectan a la humanidad. Dios no nos ha puesto en la tierra justo para que nos bendiga, Él nos eligió y nombró a que vayamos a dar sus frutos (Juan 15:16). Él no quiere que nadie perezca, pero que se arrepientan. Estamos sin Él o con Él. Para ser aparte de Él es la muerte eterna. ¡Para ser aparte de Él es no agradable (Lucas 16:19-31)! Para estar con Él es la vida eterna. Me alegro de que se le preguntó cómo se podía estar con Él. *Sólo hay un camino hacia Dios. Jesús es el camino (Juan 14:6).* Los siguientes son los requisitos para la salvación:

1. Es necesario que usted escuchar la Palabra (2 Timoteo 3:15)
2. Fe / Creer (Efesios 2:8; Juan 3:14-18)
3. Confesión (Hechos 2:21; Romanos 10:9-13)
4. Arrepentimiento (Marca 1:15)
5. Regeneración (Juan 3:3-8; John 3:5)

Hay varias interpretaciones de ser "nacido del agua" en Juan 3 verso 5. Hay fuertes creencias que significa el bautismo en agua y al igual que firme opinión de que Jesús usó la frase en el sentido de su nacimiento físico y él estaba hablando en sentido figurado. Personalmente, Creo que uno debe ser bautizado como un símbolo de la unidad con Jesucristo. El bautismo es esencial, porque Dios lo manda. Es para decirle al mundo entero de su unidad con Cristo. Yo creo que el arrepentimiento y el bautismo son necesario para recibir el don del Espíritu Santo. La clarificación se encuentra en Hechos 2:38, en una palabra de tres letras, a saber "por". Uno de los significados de "para" es "el resultado de ' o "debido a." Si sustituyes cualquiera de las palabras en lugar de *"para"* en el texto del "arrepentirse y ser bautizado para la remisión de sus pecados," Yo creo que el significado se aclara. El texto que ahora se lee, " arrepentirse y ser bautizados como resultado de, o debido a la remisión de sus pecados."

Ellos están estrechamente relacionados. La último no produce la primera. Por lo tanto, somos salvos por gracia mediante la fe. Así, el bautismo es el signo externo de un trabajo interno de la gracia. Ahora, no hay congruencia con el texto en Romanos 10:9-13, Hechos 2:21 and Juan 3:16. Reitero, sin embargo, que creo que debemos ser bautizados después de la aceptación de Cristo como nuestro Señor y Salvador y después de el arrepentimiento. En Mateo 28:18, Jesús dijo a sus discípulos que fueran, enseñar y bautizar. La premisa era que cuando una persona confiar en Jesús, él haría ser bautizado. Así, uno fue bautizado porque él fue salvó.

Yo creo que cada sermón debe concluir con una invitación para la salvación. Además, Creo que debe haber una recapitulación de cómo el hombre se separó de Dios y se reconcilió en Cristo Jesús. Los no creyentes deben ser conscientes de las consecuencias de su elección de rechazar a Jesús como su Salvador así como sus premios y beneficios para la aceptación de Él, tanto en esta vida y eternamente.

¿Ahora que somos salvos, lo que tenemos que hacer? Nombró a que vayamos a dar sus frutos. Debemos vivir nuestras vidas trayendo gloria a Su Nombre. Si usted es serio sobre el cambio de, la primera persona que debe cambiar es a ti mismo. Estamos acostumbrados a clasificar encima de todos, pero a nosotros mismos. Si no se siente cómodo con usted mismo, usted no se sentirá cómodo con los demás.

Es importante descubrir lo que Dios ha llamado que usted sea, y luego trabajar en convertirse en esa persona. Al hacerlo, nosotros aprender donde nuestras batallas estar. Entonces usted debe decidir cambiar. Es un proceso. Usted no va a llegar allí durante la noche.

Comencemos por examinar nuestra fe para ver cómo nuestras vidas como Cristianos, alinea con la Palabra de Dios. ¿Nos estamos dando plenamente a la obra del Señor (1 Corintios 15:58)? Muchas veces como Cristianos, nosotros quedan atrapados en cosas de la carne. Entre muchas cosas, nos convertimos en críticos de otros que están a la altura de nuestras expectativas. En otras ocasiones nos ponen a la gente en un pedestal. Esto es injusto para ellos, así como a nosotros. Cada persona es responsable de sus salvación. Debemos amar a Dios (Mateo 22:37, 38); y amor a nuestro prójimos (Mateo 22:37-39). Recuerde, la única prueba de nuestro amor a Dios es guardar sus mandamientos (Juan 14:15).

Siguiente, He compuesto una lista de control para evaluar nuestro caminar cristiano de acuerdo a la Palabra de Dios. Bajo ninguna circunstancia es este escrito diseñado para condenar a nadie, pero que nos mantenga en el curso con la voluntad de Dios para nuestras vidas y para recibir la plenitud de Su gracia. Somos adoptados hijos del Rey. Nuestro deseo debe ser para vivir una vida que sea agradable y aceptable a Él.

A continuación se muestra una escala a la tasa a vosotros mismos basado en de las categorías enumeradas. Su puntuación se reflejan bien, así-así, o pobres en áreas específicas.

En el rating a ti mismo, introducir la figura

(1) si usted ve a sí mismo tan bueno en un área particular;

(2) por así-así y

(3) por pobres.

Además, algunas de las preguntas requerirá un "sí" o "no" como respuesta o rellenar el espacio en blanco.

Así que coge un lápiz, un poco de papel y anote tus

respuestas para evitar la escritura en el libro. En sus marcas, listos, ¡ya!

1. Tres términos definidos en la voluntad de Dios son: Acción de Gracias (1 Tesalonicenses 5:18); Santificación (1 Tesalonicenses 4:3) y Sumisión (Hechos 21:14).

Clasifique esto en términos de: Acción de Gracias □; Santificación □; Sumisión □.

2. La máxima prioridad de cualquier regalo es el Ministerio de la Reconciliación.

Tarifa usted mismo en esta zona. □

3. Por NKJV Biblia de Estudio MacArthur, estamos para perseguir la santidad.

a. Un acercamiento a Dios con plena confianza y una conciencia limpia (Hebreos 10:15, 27).

b. Una verdadera aceptación de Cristo como Salvador y el sacrificio por el pecado, nos trae a la comunión con Dios. Los no creyentes no se sentirán atraídos to aceptar Cristo si los creyentes no demuestran las cualidades Dios deseos, como la paz y la santidad.

Tasa de sí mismo en términos de santidad. □

4. La piedad (Tito 2: 12). □

5. El amor (Mateo 22:36, 37; 1 Corintios 13:1-13, Mateo 5:44). □

6. La fe (Marcos 11:22) □; (2 Timoteo 1:12)□

7. Alegría (Flp 4:4). □

8. Culto (Filipenses 2:4-11). □

9. La obediencia (Tesalonicenses 1:8). □; (Filipenses 2: 12) □

10. Imitación (1 Corintios 11:1). □

11. Comunión (1 Juan 1:3, Hechos 2:42). □

12. Andar en el Espíritu (Gálatas 5:16). □

13. Llenos del Espíritu (Efesios 5:18). ☐
14. Guiados por el Espíritu (Juan 16:13). ☐
15. Orar en el Espíritu (Judas 20). ☐
16. Vivir en el Espíritu (Gálatas 5:25). ☐
17. La castidad (1 Timoteo 5:22). ☐
18. Contenido (Hebreos 13:5). ☐
19. Diligencia (1 Tesalonicenses 4:7). ☐
20. Paciencia (humildad, de mansedumbre, de paciencia y amor el uno al otro que es continuo e incondicional, Efesios 4:22). ☐
21. Honestidad (Romanos 12:17). ☐
22. Industria (1 Tesalonicenses 4:11, 12). ☐
23. Templanza (1 Corintios 9:25). ☐
24. Tranquilidad (Romanos 14:17-19). ☐
25. Tolerancia (Romanos 14:1-23). ☐
26. Celoso de buenas obras (Tito 2:14). Nota: las buenas obras son el producto, no los medios, para la salvación. ☐
27. Cargas de rodamientos (Gálatas 6:2). ☐
28. Ayudar a los necesitados (Hechos 11:14, 30). ☐
29. Bondad fraternal (1 Pedro 4:7-11; Colosenses 3:1213). ☐
30. Edificación mutua (1 Tesalonicenses 5:11). ☐
31. El crecimiento espiritual (2 Pedro 3:18). Nota: Maduración como Cristiano y un conocimiento mayor de Cristo impedirá un Cristiano se extravíen. ☐
32. Fecundidad (Juan 15:1-6). ☐
33. Perseverancia (1 Corintios 15:58). ☐
34. Persecución (2 Timoteo 3:9-12). ☐
35. Buenas obras (Santiago 2:14-26). ☐
36. La humildad (1 Pedro 5:5-6) ☐, Confiado y sin pretensiones (Mateo 18:3-5). ☐
37. La mansedumbre (Santiago 3:17, 18). ☐

38. Autocontrol (Gálatas 5:23). □
39. La pureza de corazón (Mateo 5:8). □
40. Pacificador (Mateo 5:9; aquellos que promueven la paz tanto como depende de ellos). □
41. Gruñendo y quejándose (Judas 16). □
42. Califique su nivel de perdón (Mateo 18:21-32). □
43. Califique su nivel de fe / creencia de acuerdo a Hebreos 11:6. □
44. El fuego del Espíritu de Dios no debe ser rociado con el pecado (1 Tesalonicenses 5:19). Los creyentes son instruidos para no entristecer al Espíritu Santo (Efesios 4:30), pero ser controlado por el Espíritu (Efesios 5:18) y caminar por el Espíritu Santo (Gálatas 5:16). ¿Es esta una zona en la que necesita mejorar? Sí □ No □
45. ¿Qué sucede cuando usted obedece a Dios (Deuteronomio 11:26-27)?
46. ¿Qué sucede cuando usted desobedece a Dios (Deuteronomio 11:28)? _____
47. Revisión Hebreos 10:26.

Capítulo Dos

Fundamentos del Matrimonio

El ladrón (el adversario) viene sino para hurtar, matar y destruir (Juan 10:10). Él ronda como león rugiente, buscando a quién devorar (1 Pedro 5:8). Sin embargo, no puede entrar en la casa de un hombre fuerte y saquear sus bienes a menos que primero lo ate al hombre fuerte. Y entonces podrá saquear su casa (Mateo 12:29). Jesús nos ofrece un ejemplo de cómo atar a Satanás y que es por hablar la Palabra de Dios. Efesios 6 nos dice como para resistir las asechanzas del diablo.

Una de las formas en que Satanás intenta causar estragos en las vidas de los Cristianos es atacar a los matrimonios. Un puerto de entrada es un matrimonio que no se alinea con la Palabra de Dios. Como Cristiano, nosotros continuamente debe poner en el equipo de batalla para evitar la vulnerabilidad a sus ataques. En la creencia de que la Biblia es la verdad, la Palabra inspirada e infalible de Dios y la voluntad revelada de Dios para la humanidad, tenemos el poder para lograr el éxito en las cosas que decimos, hacemos y queremos.

A continuación se presentan algunas preguntas y una lista de control diseñada para la punta de lanza pensamiento y auto-examen del matrimonio, en comparación con la Palabra de Dios. Incluido será una escala de puntuación de 1, 2, y 3 y los soportes para las categorías correspondientes del bien, así- así y pobres, respectivamente. Además, habrá sí o no, y secciones separadas para los esposos y esposas para responder a.

Marido
1. Votar a sí mismo como un marido en la siguiente: por ejemplo, introducir 1, 2, 3 adyacente a cada tema.
   a. ¿Está usted haciendo el deber conyugal a su

25

esposa (1 Corintios. 7:2-4)?□

b. Valore el nivel de su esposa se somete a usted y a el Señor. □

c. ¿Qué sobre el amor a su esposa, según las Escrituras (Efesios 5:25)?□

d. ¿Dando honor a su esposa (1 Pedro 3:7)?□

e. ¿Un medio para del amor sexual de acuerdo a las Escrituras (Proverbios 5:15-19)? □

f. ¿Está cumpliendo con su parte? Sí □ No □

g. ¿Es usted consciente de que el matrimonio se centra en la obediencia? Sí □ No □

h. Uno de los propósitos del matrimonio es la felicidad. Valorar el nivel de felicidad experimentada en su matrimonio. □

i. ¿Es usted consciente de que el matrimonio se espera que sea una fuente de satisfacción (Proverbios 5:19)?
Sí □ No □

j. Evalúe a su matrimonio como una fuente de satisfacción. □

k. Tasa su de matrimonio en materia de comunicación

l. ¿Está dispuesto a trabajar para hacer su del matrimonio más completa, la alineación de con las Escrituras? Sí □ No □

Esposa

1. Votar a sí mismo como una mujer, utilizando la misma escala de calificación como se mencionó anteriormente para los esposos.

a. ¿Está usted haciendo el deber conyugal a su esposo (1 Corintios 7:2-4)?□

b. ¿Sumisión al marido? □

Capítulo Dos: Fundamentos del Matrimonio

c. ¿Qué hay de amar a su marido, según las Escrituras (Efesios 5:22-33)? □
d. ¿Dando honor a su esposo (1 Pedro 3:7)? □
e. ¿Un medio para del amor sexual de acuerdo a las Escrituras (Proverbios 5:15-19)? □
f. ¿Está cumpliendo con su parte? Sí □ No □
g. ¿Es usted consciente de que el matrimonio se centra en la obediencia? Sí □ No □
h. Uno de los propósitos del matrimonio es la felicidad. Valore el nivel de felicidad experimentada en su matrimonio. □
i. ¿Es usted consciente de que el matrimonio se espera que sea una fuente de satisfacción (Proverbios 5:19)?
   Sí □ No □
j. Evalúe a su matrimonio como una fuente de satisfacción. □
k. Tasa su de matrimonio en materia de comunicación
l. ¿Está dispuesto a trabajar para hacer su del matrimonio más completa, la alineación de con las Escrituras? Sí □ No □

Como Cristianos, hemos de creer que Dios se diferencia entre el comportamiento del bien y del mal. Él nunca los honores mala conducta. La relación de alianza es muy apreciado por Dios. Dios requiere de un comportamiento justo y comportamiento fiel dentro de los lazos matrimoniales. Odia a la actitud de corazón duro que destruye este pacto sagrado y produce el divorcio. Usted debe ser amoroso y fiel a su pareja. Rechazar el divorcio como una respuesta a los problemas maritales. Confiar en Dios para recuperar la esperanza en un aparentemente "sin esperanza" del matrimonio. Esté dispuesto a aprender de nuevo el amor, comprender y **perdonar** unos a otros. **El perdón** es la clave principal para un buen matrimonio. Las parejas necesitan buscar el perdón, independientemente de quién sea el culpable. La necesidad de estar en lo "correcto" todo el tiempo, sin importar el costo es un destructor del matrimonio. La ira, la desconfianza, el miedo, la duda, el doble rasero, y el dominio se deterioran las bases de los matrimonios. Para ofrecer al Señor menos que nuestra mejor es indigno de Su Santo Nombre, los Cristianos.

Padre, restaurar el amor y la compasión que ya no existe en los matrimonios que están siendo reprimidos por el dolor y la ira. Arreglar los corazones rotos. Restaurar el amor. Que los matrimonios se alinean con su Palabra, en el Nombre de Jesús. ¡Amén!

Capítulo Tres

Exhortación para la Conducta Piadosa

Ahora que usted tiene una idea de cómo su camina de se alinea con la Palabra de Dios, ¿qué hacer? Si usted se encuentra tibio, ser conscientes de la siguiente escritura:

Pero por cuanto eres tibio, y no frío ni caliente, te vomitaré de mi boca (Apocalipsis 3: 16).

Como siempre, Dios tiene un plan para nosotros. El Evangelio incluye lo siguiente: el hombre es un pecador, Cristo es el Salvador, Cristo murió por nosotros, Cristo resucitó de entre los muertos (1 Corintios 14:14-19). Por cuanto todos pecaron y están destituidos de la gloria de Dios (Romanos 3:23). Cuando nos quedamos cortos o desobedecer, nos arrepentimos pidiendo perdón al Señor.

Boletín: Todos echamos de menos la marca de veces. Podemos salir de la pista. Dios sabía que. Por un justo (justo) el hombre puede caer siete veces (muchas veces / muchas veces) y levantarse de nuevo (Proverbios 24:16). ¿Cuántas veces debemos perdonar a nuestro hermano (setenta veces siete [innumerables / ilimitado], Mateo 18:22)? Esa es una de las razones por las que Dios proporcionó a su Hijo, su Palabra que habla para mostrarnos cómo vivir. Jesús es nuestro Abogado. Él nos defiende. ¡Aleluya! No recibir su gracia en vano. Hemos sido bendecidos!

Con demasiada frecuencia, nos convertimos en críticos y piadosa hacia otras personas que creemos que son menos "espiritual" que nosotros. Llegamos a ser más como los fariseos. Las Escrituras hablan del juicio hipócrita (Mateo 7:3). Sin embargo, es muy importante en que todos debemos hacer un poco de juicio para obedecer los mandamientos de Dios. Sin embargo, como Cristianos, no debemos tener un espíritu de censura y la crítica habitual, el lloriqueo, etc.

31

Algunos creyentes se muestran indiferentes acerca de cómo sus acciones afectan a otros. Tienen un espíritu similar a la de Caín. Tenga en cuenta el sarcasmo utilizado en Caín pidiendo a Dios, *" Soy yo acaso guarda de mi hermano?* "(Génesis 4:9). Esto representa una cruel indiferencia. Tenemos la responsabilidad de no llorar un creyente más débil que le causó a pecar por lo que hacemos. El amor se asegurará de que el Cristiano fuerte es sensible y la comprensión de la debilidad de un hermano (1 Corintios 8:8-13; 14:14-19 Romanos). Por lo tanto, tenemos algo de responsabilidad por nuestros hermanos y hermanas en Cristo.

Antes de concluir, quiero compartir con ustedes un par de experiencias que tuve durante mi caminata relativamente breve con Jesucristo. Una noche, un amigo y yo estábamos jugando al dominó. Ahora, no te piadosa en mí. Disfruto jugando dominó, pinochle, etc, al igual que algunos de ustedes disfrutar de jugar al golf, el baloncesto al fútbol, softbol, balonmano, automovilismo, esquí acuático, la restauración de coches, etc Si usted piensa que lo anterior está mal, entonces no es correcto para usted. Una vez dicho esto, déjame volver a mi historia.

Tanto mi amigo y no me gusta perder y son jugadores muy competitivos. No nos suscribimos a la idea de que no importa si usted gana o pierde; sino cómo juegas el juego. Nosotros los dos quieren ganar. Si usted sabe algo sobre fichas de dominó, esto es lo que pasó. Mi amigo me llevó en los puntos 145 a 65 (los siguientes puntos que el llamó iba a ganar el juego). Tuve la baja. Por lo general, estar detrás de mucho, el perdedor por lo general otorga el juego voluntariamente en lugar de comenzar una nueva mano. Opté por no conceder un juego, pero decidió jugar la siguiente mano. Yo tendría el primer intento (me gustaría jugar en primero). Mi amigo barajan las fichas de dominó, y yo saqué mi mano (que juega con nueve fichas de dominó). Como ya he arreglado mis fichas de dominó, me di cuenta que me sacó una mano perfecta. Empecé a reír para mis adentros, imaginando la cara de mi amigo cuando, me gustaría ganar el partido, impidiéndole conseguir cinco puntos (un juego en que el conteo de dominó es en incrementos de 5 a 35).

Eso es prácticamente desconocida. Gané el juego. Mi amigo fue superado. Él no dijo una palabra cuando el juego fue terminado. Eso también era extraño para él. Toda la situación "me hizo reir."

Más tarde, el Espíritu de Dios me habló diciendo: "A pesar de que era un juego, te puedo dar una mano perfecta cuando las cosas parecen sin esperanza." Eso trajo lágrimas a mis ojos. Aunque usted sabe que esto es cierto, lo adquiere un significado más profundo cuando tal la comunicación sucede en su vida. He incluido lo anterior debido a que algunos de ustedes pueden estar sentimiento de desesperanza, que no quería responder a la campana, "¡No más!" No te rindas. Mira la historia de Pablo y Silas en la cárcel romana. Dios puede y se moverá a la medianoche.

Numerosas otras cosas que ocurrieron en mi vida fueron, naturalmente, inexplicable. Un día fui a esta tienda de hardware en particular y comprar unas cuantas cosas que necesitaba para un proyecto (eso es otra historia en sí misma - me y proyectos manitas). Cuando Yo salía de la tienda, me di cuenta de que necesitaba unas cuantas nueces más y tornillos o lo que sea los objetos pequeños fueron. Me había pasado toda mi dinero en efectivo, salvo unos pocos centavos. Cuando volví a la tienda para estos artículos después de haberlas recogido, me di cuenta de que Yo pueden ser unos centavos cortos. Sin embargo, entré en la fila para pagar. A pesar de que sabía Yo iba a ser corto de dinero en efectivo por la compra y la cantidad era demasiado pequeño para cargar en mi tarjeta de crédito, sentí que de alguna manera este asunto podría ser resuelto. Me pareció que el cajero tendría que confiar en que iba a regresar y completar el pago de los artículos. A medida que continuaba a reflexionar sobre lo que iba a hacer, miré hacia abajo en el suelo y hubo un pequeño cambio mintiendo en frente de mí. No conocía a nadie delante de mí había dejó caer. Cogí el cambio, y fue suficiente para pagar los artículos. Algunos pueden decir que fue una coincidencia. Yo sé mejor. Fue una manifestación de la gracia de Dios.

Quiero traer a su atención algo que podría ser una experiencia muy dolorosa. Durante nuestro camino Cristiano, hay momentos, incluso cuando miembros de la familia ponen en duda la sinceridad de nuestro compromiso con Cristo. Son rápidos para que nos condene a un acto carnal o algo que ellos perciben como carnal, diciendo: "Yo sabía que él o ella no era sincero en su caminar." Irónicamente, la mayoría de las veces se trata de otro miembro de la creyente familia que puede haber sido fundamental en la provocación de la respuesta, por un acto carnal, en él o ella parte. De todos modos, no se puede permitir que otra persona tener la cantidad de control sobre vuestro vida. Él / Ella se lo tendré en cuenta por tiempo indefinido. No considerar esto extraño, porque ellos lo hicieron a Jesús, Pablo, et al. de la misma manera. Ellos lo hará lo hacen tu otra vez. La Palabra de Dios dice:

Todos hemos pecado ...

Cualquier persona que dice que son sin pecado,

engaña a sí mismo, y la verdad no está en ellos. Si confesamos nuestros pecados, él es fiel y justo para perdonar nuestros pecados y limpiarnos de toda maldad. Si decimos que no hemos pecado, le hacemos a él mentiroso, y su Palabra no está en nosotros.

(1 Juan 1:8-10)

Otro problema para los creyentes son los celos. Somos celosos de ver a un hermano o hermana de recibir una bendición. ¿Por qué? Recordar que Dios no hace acepción de personas. Si Él lo hará por una sola persona, Él lo hará por usted, si usted continúa a obedecer y tener fe en él. Si se mantiene mirando hacia arriba, Dios se mostrará arriba . En otras palabras, mantener su enfoque en Él. ¿Acuérdate de Abraham? Mira cuánto tiempo le tomó a él para recibir las bendiciones que Dios había prometido. Dios no se olvida. Mira lo que sucedió a Saúl, debido a sus celos hacia David.

Los cristianos necesitan dejar de chismear. Los creyentes son reacios a confiar unos en los otros acerca de asuntos personales por temor a violar la confianza. Por desgracia, algunos de los líderes caen en esta categoría. Dios nos ayude!

Según la Escritura, de la integridad de una persona no va a violar la confianza (Proverbios 11:13).

Vamos a ver nuestros depósitos. Si colocamos los depósitos en las cosas carnales entonces cosas carnales crecerá (Juan 3:6). Por el contrario, si ponemos los depósitos en las cosas espirituales, las cosas espirituales, crecerá. Todo lo que se concibe en vosotros, proviene de fuentes de uno o dos: la carne o del espíritu. Nosotros cosechamos lo que sembramos. ¿Recuerde Jacob engaña a su hermano, Esaú? Él lo engañó Esaú de su derecho de nacimiento y de su bendición. ¿Adivina quién fue engañado por Labán tarde, con respecto a su futura esposa (Génesis 29)? Se acabó lo que le costó catorce años antes de que pudiera llegar la esposa que él quería. El engañador fue engañado más tarde. Créeme, hay consecuencias por nuestras acciones.

Independientemente de lo que vamos a través de, Dios tiene un plan para nosotros. Él ha comenzado una buena obra en nosotros y lo llevará a su término (Filipenses 1:6). Por el contrario, el diablo tiene un plan (Juan 10:10). Sabemos que el enemigo es persistente. Sin embargo, él no sabe defenderse. Es un cobarde y un perdedor. La Escritura nos dice que resistamos al diablo y él huirá. Lo resistimos con la Palabra de Dios.

Después de haber leído lo anterior, existe una probabilidad de que usted está pidiendo a las siguientes preguntas: ¿Qué debo hacer cuando estoy tibio? ¿Qué debo hacer cuando necesito el crecimiento espiritual? ¿Qué debo hacer para agradar a Dios?

¿QUÉ DEBO HACER CUANDO YO SOY TIBIO?

Hebreos 3:12-13:
Mirad, hermanos, que no haya en ninguno de vosotros corazón malo de incredulidad para apartarse del Dios vivo. Sin embargo, se recomienden mutuamente todos los días, si bien se dice: Hoy; para que ninguno de vosotros se endurezca por el engaño del pecado.

Nota: Estos creyentes estaban en peligro de apartarse de Dios y renunciando a la asamblea de creyentes. El autor se les recomienda que no lo hagas, pero para permanecer en la asamblea, instando a los demás para fe, el amor y la buena obras.

1 Juan1:9:
Porque si confesamos nuestros pecados, él es fiel y justo para perdonar nuestros pecados, y limpiarnos de toda maldad.

Nota: Si un creyente confiesa sus pecados específicos a Dios, Él limpiará toda maldad de esa persona. Dios es fiel a Sus promesas.

El lector puede consultar las siguientes Escrituras adicionales: Hebreos 5:11 - 12, Hebreos 12:15, 2 Pedro 2:20-21; Malaquías 3:7.

¿QUÉ DEBO HACER CUANDO NECESITO EL CRECIMIENTO ESPIRITUAL?

1 Pedro 2: 2-3:
Como niños recién nacidos, deseo la leche espiritual no adulterada, que ella crezcáis para salvación.

1 Timoteo 4:15:
Procura con diligencia presentarte a Dios aprobado, como obrero que no tiene de qué avergonzarse, que traza bien la palabra de verdad.

Otras referencias de la Escritura: 1 Timoteo 4:15, Hebreos 06:01, 2 Pedro 1:5-8, Efesios 3:14-19, Colosenses 1:9-11; Colosenses 3:16; Filipenses 1:6, 9 - 10 Efesios 4:14-15 y.

¿QUÉ DEBO HACER PARA AGRADAR A DIOS?

Isaías 43: 7, 21:
Aunque todo el mundo que se llama por Mi nombre, porque lo he creado él para Mi gloria, yo lo he formado él, sí, yo lo he hecho. La gente que he formado para Mí, ellos serán manifestar Mi alabanza.

Juan 4:23-24:
Pero la hora viene, y ahora, cuando los verdaderos adoradores adorarán al Padre en espíritu y en verdad, porque Dios está buscando tales que le adoren. Dios es Espíritu y los que le adoran deben adorarle en espíritu y en verdad.

Otras referencias de la Escritura: 1 Pedro 2, 5, 9, Hebreos 13: 15-16; Apocalipsis 4: 11; Hebreos 11:6, Colosenses 1: 10, Romanos 12: 1-2 y 1 Timoteo 2: 1, 3, 8 .

Hombre es a la vez ser físico y espiritual. Lo que se alimenta más crecerá. Si damos de comer a los deseos carnales, tendrán preeminencia en nuestra vida, y lo mismo es cierto con respecto al hombre espiritual.

Brevemente tiene que incidir en el tema del perdón. Las relaciones se rompen cuando una persona daña a otra. Los sentimientos están heridos, los ánimos se caldean y las palabras airadas se dirigen el uno al otro. Después de un rato, no un es hablando el uno al otro. Capacidad de perdonar lo cura todo de todo esto. La negativa a perdonar puede causar problemas tanto físicos como mentales. El perdón sana las relaciones rotas. Alivia el dolor y la ira. ¿Adivina quién está teniendo un día de campo cuando albergamos la falta de perdón? Tienes razón, Satanás. La falta de perdón es una de las ventanas donde él entra en. Él es un ladrón. Él es fuera robar tu alegría. ¿Por qué? El gozo del Señor es vuestra fortaleza. Por lo tanto, Satanás quiere atar al hombre fuerte. Él es, después de su fuerza. Usted es el único que puede cerrar la ventana.

El perdón cierra lo. Según Colosenses 3:13, *Perdona si alguno tiene queja contra otro como el Señor os perdonó a vosotros..*

El perdón no es fácil. Debemos practicar todos los días de nuestras vidas. Va en contra de nuestro impulso, pero tenemos que hacerlo.

Bendice a los que os maldicen, y orad por los que os calumnian.

(Lucas 6:28)

Es fácil perdonar a aquellos que reconocen sus faltas. Es muy difícil perdonar a aquellos que creen que siempre tienen la razón, que su camino es el camino correcto, lo que dicen es correcta y que va a mantener esa posición sin importar el costo. No obstante, debemos perdonar y no quedar atrapado en una lucha de poder. Si usted está teniendo dificultad con el perdón, ir al Señor y decirle que usted no puede encontrar dentro de sí mismo para perdonar señor o la señora "X". Yo te busco, y estoy dispuesto a le permiten colocar que el perdón en mi corazón. Una vez hecho eso, déjalo ir. Los remito tu a Filipenses 3:13, donde se refiere a olvidar las cosas atrás. <u>Una vez que te perdono, te olvidarás.</u> <u>Los detalles del problema se desdibujan en la memoria.</u>

Recuerde, el fuego se apaga por falta de combustible, y las peleas desaparecen cuando el chisme se detiene (Proverbios 26:20). Una vez que haya tomado al Señor, déjala allí. Él puede manejar la situación. No se puede. No llevar el asunto de nuevo, o permitir que alguien más para sacarlo a colación. El perdón alivia la retribución y el deseo de que el infractor debe ser castigado. Los exhorto a no quedar atrapado en los esquemas de división de Satanás. Él es un engañador. Tenemos que permanecer lejos de nuestra fuente de tentación. Sansón descendió cuando se quitaba sus ojos del Señor. Miren lo que pasó a David con Betsabé. También tenga en cuenta que Pedro, después de que inicialmente caminar sobre el agua, comenzó a hundirse cuando comenzó a centrarse en las circunstancias en lugar de continuar centrándose en el Señor. Todos ellos tenían algo en común. Tomaron sus ojos fuera el Señor. ¿Cómo es posible? Sucede un paso a la vez, romper una promesa uno a la vez. A Veces, nosotros ir a algún lugar que nosotros no se supone que, ver algo nosotros que no deben ver, mirando algo que no debemos mirar a. Le puede pasar a cualquiera, hombre o mujer, independientemente de la ocupación o cargo.

Para vivir la vida que Dios quiere que vivamos, debemos cumplir con las condiciones prescritas para nosotros. Así como hay condiciones para que podamos recibir las promesas de Dios, hay condiciones que deben cumplir en nuestras vidas naturales. Si queremos que un vehículo de marcha suave, lo damos por revisiones de mantenimiento. Para un mariscal de campo para completar un pase, el receptor debe ejecutar la ruta correcta. Del mismo modo, si queremos vivir en victoria, debemos hacer lo que Dios nos dice que hagamos. Nosotros somos Sus soldados en una batalla por nuestras vidas. Debemos librarnos del exceso de peso y se puso la armadura de Dios, como se describe en Efesios 6. Recuerdo una historia de un hermano en el Señor compartida. En esencia, indicó que él tenía un problema de siempre llegar tarde. Él habló de un tiempo él era tarde para un vuelo a él próximo destino que implica un compromiso para hablar. Apenas llegó el avión. Sin embargo una vez en, él tomó su asiento en la sección de entrenador. Posteriormente, la azafata se acercó y estaba a punto de servir a las del hombre las comodidades que viene con de entrenador asiento. Sin embargo, se dio cuenta, a través de sus billete, que su asiento ha sido ascendida a firstclass basado en el programa de viajero frecuente. Como resultado, el hombre se le ofreció la oportunidad de pasar a la sección de primera clase y él aceptó. El servicio y la comida era mucho mejor que en la sección de entrenador.

Hemos sido condicionados para actuar y responder a las normas que los demás ponen en nosotros, y en algún momento los que le damos a nosotros mismos. Por lo tanto, actuar en consecuencia. Nosotros recibimos mucho menos de lo que Dios tiene reservado para nosotros. Sin embargo, si corremos la carrera lo suficiente y hacer lo que se requiere de nosotros, las puertas de las oportunidades y las recompensas se abrirá para nosotros. Por el contrario, si no sabemos de las condiciones bajo las cuales los reciben o bloquearlas, se niegan a escuchar y aplicar la sabiduría de Dios de los que hablan en nuestra vida o interrumpir la carrera, echamos de menos estas recompensas y oportunidades. Vamos a mantener una mentalidad de entrenador de la sección, aunque nuestro estado pasó a ser de primera clase. Esta historia me recuerda a la Escritura, que indica, *"Mi pueblo perece por falta de conocimiento"* *(Oseas 4:6)*. Dios quiere que vivamos una vida abundante. Como mi ex pastor solía decir: Dios está tan preocupado por la calidad de su vida en la tierra como lo es cuando se gana el cielo. Cuando no recibimos las bendiciones que Dios tiene reservado para nosotros, podría ser a causa de nuestra acción o inacción. Nos puede bloquear nuestra bendición con el pecado (la acción) y no poder hacer lo que Dios nos dice que hagamos (la inacción).

A veces, nuestra tradición, los valores familiares, haciendo las cosas como la tía Sue hizo que pueden no coincidir con el plan de Dios para nosotros. Cuando esto sucede, hace que la Palabra de Dios sin efecto en nuestras vidas (Mateo 15:6). Dios honra Su Palabra, no respeta lo que digan o hagan cuando no se alinea con Su Palabra.

La Palabra de Dios nos dice que debemos poner a prueba cada espíritu y orar a Dios para que Él revela su verdad. No se apresure a hacer juicios de los demás.

Cuando seguimos las Escrituras, hacer la voluntad de Dios, obedecer sus mandamientos, nosotros deleitan en Él (anhelan), permanecer en Él, haciendo su voluntad. En ese momento, Dios nos proveerá con el deseo de nuestros corazones, y cualquier cosa que pidamos, vamos a recibir. ¿Adivina quién está en control de nuestras vidas? ¿Cuando hablamos, que está hablando a través de nosotros? Siempre, cuando Dios habla, algo sucede. Cuando promete algo, lo hace bien en sus promesas, si las condiciones para recibirlas se cumplen. Así como Él prometió bendecir a los israelitas, al entrar, salir, en la ciudad y en el país, estas promesas son para nosotros hoy en día también. Bendiciones os alcanzará. Imagine que es superada por las bendiciones. No le dé a la gente. ¡Espera! Estamos en esta carrera para ganar. Somos más que vencedores.

Como puede ver, se trata de un trabajo de tiempo completo mantenernos en la fe. Por lo tanto, la próxima vez que vemos a un hermano o hermana tropezar o responder a algo de una manera carnal, y tienen una inclinación para emitir un juicio, tenemos que proteger nuestra lengua y orar por esa persona. Todos tenemos defectos de carácter, y todos cometemos errores. ¿No es así? Eso te incluye a ti ya mí, nuestro pastor y los líderes también. Esto me lleva a mi siguiente punto.

Quiero compartir con ustedes otro punto muy importante para que usted pueda recordar. En situaciones laborales civiles o militares, no son decisiones administrativas que no se pueden compartir con el personal subordinado o las personas que no tienen necesidad de saber, hasta que esté autorizado para hacerlo. Usted está obligado por el secreto profesional en la materia. Del mismo modo, hay veces Dios le da a un pastor o líder de una visión o una palabra que no debe ser puesto en libertad hasta un cierto tiempo y que sólo pastor o líder sabe lo que Dios quiere que ocurra y cuándo. Hasta el momento adecuado (tiempo señalado por Dios), el asunto no se puede compartir con los demás (Mateo 16:20). A menudo nos preguntamos por qué esto o por qué eso o decir que no entienden lo que está pasando. Creemos que debe haber algún tipo de encubrimiento clandestina o falta de honradez involucrado cuando una persona no dice lo que quiere oír, actuar cuando creemos que debe actuar o revelar información sobre la base de nuestra curiosidad. La respuesta podría ser que no es el momento de actuar o resolver el asunto. Así como hay ramificaciones de una violación de la confidencialidad en los asuntos civiles y militares, hay un precio a pagar por la violación de los mandamientos de Dios con respecto al tiempo y los detalles.

Se recuerda, el liderazgo efectivo se enfrentará a con oposición. Sucede en el lugar de trabajo. Sucede en la Iglesia. Espera que suceda. Es la forma en que lidiamos con ella lo que cuenta. La Palabra de Dios nos dice que debemos, sin embargo, probar cada espíritu y pido a Dios que nos revela su verdad. No se apresure a hacer juicios de los demás.

Recuerde que este, al igual que ofertas de Espíritu Santo con nosotros, como Él es, probablemente, tratar con algunos de ustedes en este momento, él se ocupa de los demás también. Ninguno de nosotros ha alcanzado el nivel de perfección. Deja que Dios, a través de la obra del Espíritu Santo, hacer Su trabajo.

Cuando vivimos una vida recta, recibiremos una recompensa de justo. Tenemos un trabajo a tiempo completo mantenernos en línea, ya veces echamos de menos la marca.

La mayoría de los jugadores de baloncesto superestrella ganan menos de un 50% de sus objetivos sobre el terreno. Algunos hacen sólo el 50% o menos de sus tiros libres (sonrisa), sin embargo, ellos se consideran grandes y reciben salarios astronómicos. A pesar de que echan de menos, ellos no dejar que el último fracaso que dejen les de disparar de nuevo. Campeones de perseverar. No dejes que una falla desviarlos de su meta. Somos los campeones de Dios. No debemos permitir que nuestros pasados o presentes fracasos disuadirnos. Dios sabe todo sobre nosotros. Él todavía nos ama. Siempre que nosotros seguir funcionando la carrera, nosotros recibirá la corona de vencedor, nuestra recompensa.

A veces, cuando Dios abre la puerta para nosotros, nos lo bloquean. ¿Cómo nos lo bloquean? Me alegra que lo preguntes. Nos lo bloquean con el pecado, la envidia, los conflictos, los chismes, murmurando, quejándose, falta de perdón, etc Con el fin, para pasar por la puerta, tenemos que lidiar con el problema que nos está bloqueando. A veces se trata de tomar decisiones difíciles, enfrentándose a problemas que nos no quieren abordar, arrepentirse de las cosas en nuestras vidas, etc Sin embargo, tenemos que hacerlo. Lo mismo ocurre en nuestras vidas personales. Si hay algo que está bloqueando a dónde queremos ir, tenemos que eliminarlo para llegar al otro lado. En el otro lado puede ser lo que estamos buscando, un milagro, una bendición. Tenga en cuenta que el pecados de los demás no deja de nuestras bendiciones. Nuestros propios pecados lo hará!

Usted puede decir, yo soy más fuerte que he estado. Eso no es lo suficientemente bueno. Se hacen más fuertes. No podemos confiar en la fuerza de ayer o las victorias de ayer. No deis lugar al diablo unos días para que usted trabaja más. Cuanto más tiempo espere más fuerte se convierte en Sus manos. Pregúntate a ti mismo, "Si le doy a esas emociones negativas, ¿cuáles serán los resultados?" Es necesario que se mantenga firme en la Palabra de Dios. Presentar a Dios y el diablo huirá. Usted debe ser más listo que el diablo. Él ya está vencido. Él está buscando a su presa débil para la captura, a quien devorar. Recuerde, su fuerza y toda su ayuda viene del Señor. ¿Por qué debería tratar de librar una batalla ti mismo cuando tienes a Dios Todopoderoso a su lado que nunca ha perdido una batalla? Todo lo que necesitas hacer es viraje cosas encima a Él. Él está esperando por usted para abrir la puerta. De hecho, Él ya te ha dicho cómo ganar. Tienes que hacer lo que Él dice.

La iglesia tiene que tomar una posición. Creer en Dios no es suficiente. El diablo cree. La fe sin obras está muerta. Tenemos que decirles a los demás la Buena Noticia (el Evangelio). Hay que alinearse con la Palabra, se alinean con nuestros pastores y líderes cristianos. Es para empezar ahora mismo, tú y yo no podemos echarle toda la culpa al diablo, no podemos poner toda la culpa a gente joven, no podemos echarle toda la culpa a los políticos (muchos de nosotros no se presenta en el urnas para votar). Nosotros no expresar nuestras preocupaciones acerca de lo que está sucediendo en nuestras comunidades, nuestro estado, nuestro país y el mundo.

Cada vez que leo Santiago 5:19-20, me maravillo de la sabiduría infinita esta Escritura contiene. Esta Escritura tiene connotaciones sociales, espirituales y fiscal.

Social en que cuando traer de vuelta a un hermano errante o convertir a un pecador, que podría hacer nuestra comunidad un lugar más seguro. Algunos de los pecados pueden ser graves en la naturaleza para nuestra familia, la propiedad, etc Además, la conversión de una persona podría resultar en la conversión de toda una familia y esa persona la esfera de influencia.

Espiritual porque que tomemos a una persona fuera de las manos del diablo y prepararlo para el Reino de Dios. Esta es la voluntad de Dios para el hombre que se salvó.

Fiscal en que los pecados de la delincuencia costó a los contribuyentes. Una vez que los delincuentes sean detenidos, su encarcelamiento es costoso. Por lo tanto, mantener a los individuos fuera de la cárcel y la cárcel, colocándolos en un puesto de trabajo, convirtiéndolos contribuyentes, ahorra dinero a los contribuyentes y estimula la economía.

Habrá gente que conocemos y amamos, que se perderá porque no aman lo suficiente como para compartir las Buenas Nuevas. Imagínese esa gente en el tribunal gritando: "¿Por qué nadie me dice acerca de Jesucristo?" Me imagino a nuestra expresión sea algo así como la de Pedro cuando Jesús pasó por allí y lo miró a la cara después de que Pedro había negado él como Jesús predijo. Ahora, imagina esto. ¿Si esa persona se encontraban en un edificio en llamas en la tierra, lo haríamos no tratar de rescatarlo o ella? Bueno, fuego eterno es peor, sin embargo, nos no tratar de convertir a las personas que conocemos y conocer que no han aceptado a Jesucristo como su Señor y Salvador. Dios nos ayude!

Hermanos y hermanas, una vez más, te lo ruego, no reciben la gracia de Dios en vano! No deje que el Señor hacia abajo. Y no contristéis al Espíritu Santo (Efesios 4:30). Nos afligimos al Espíritu Santo con el pecado, palabra corrompida; cuando estamos en desacuerdo unos con otros; luchando por las cosas temporales, no amarse unos a otros, guardar rencores, no perdonar, no hablar el uno al otro, pasivo- agresión, etc. Suficiente es suficiente! Tenemos que arrepentirnos en estos momentos. Todo el que llegó a esta sección, tómese el tiempo, arrepentirse y pedir al Señor que le perdone.

Tenemos que levantarnos y ser testigos, decirle al mundo entero acerca de Él, diciéndole al mundo nuestro historia de lo que el Señor ha hecho por nosotros. Comience ahora mismo donde se encuentra. Cristo nos amó tanto que Él murió por nosotros. ¿Es pedir demasiado para decirle a otros acerca de que el amor?

Personalmente, no me avergüenzo de compartir el Evangelio. Quiero que el mundo sepa que Dios ha sido bueno para mí. ¡Sí, él tiene! Reitero, "Dios ha sido bueno para mí "Él sacrificó su vida por mí para que yo pudiera ser libre yo tengo mi salud y la fuerza. Tengo mi sano juicio.

Soy un hijo de Dios, el Rey de Reyes hijo. En ese Día del Juicio Final, que quiero escuchar, "¡Bien hecho mi siervo bueno y fiel". Quiero que mi herencia - mi casa de donde las calles están pavimentadas con oro. Estoy seguro de que es su objetivo, también. Purificar nuestros corazones, Señor! Bienaventurados los de limpio corazón, porque ellos verán a Dios (Mateo 5:8). No dejes que las opiniones de los demás le impida su objetivo, sus bendiciones, su Dios. Por lo tanto la gente, cada día de nuestras vidas, vamos a examinarnos a nosotros mismos para asegurarnos de que estamos dentro de la fe. En el examen de sí mismo, no trates de ser como otra persona. Jesús es nuestro ejemplo. Tienes que caminar en el nivel que han alcanzado (Filipenses 3:16).

No podemos estar donde queremos estar, pero estamos mejor que donde estábamos. Una vez más, les recuerdo que la persona bendecida es la persona arrepentida. Hagamos lo que hagamos debemos hacerlo de palabra o de hecho, hacedlo todo en el nombre del Señor Jesús, dando gracias a Dios Padre por medio de Él (Colosenses 3:17).

Quiero ir de nuevo a una declaración anterior de exhortar no para recibir la gracia de Dios en vano (2 Cor 6:1). Es triste ver a los creyentes que parecen complacientes, casual e indiferente con respecto a su salvación.

Si los creyentes viven para sí mismos, que se perderá mucho en esta vida, así como recompensas celestiales para no usar sus dones para servir a Dios. Tenemos que seguir trabajando por nuestra salvación, alinearnos más estrechamente a Cristo.

Filipenses 5:2, nos dice que debemos trabajar por nuestra salvación con temor y temblor. Con esto se dice, la salvación es un regalo. Es necesario que se desenvolvió para el disfrute. Por supuesto, esto no significa trabajar por nuestra salvación. Está dirigido a nosotros para crecer y desarrollarse. Es un proceso continuo.

Los creyentes deben ser una luz para el mundo y la sal de la tierra. La luz va a ser un camino de reflexión a Dios. Como la sal, cuando los no creyentes están en nuestra presencia y al contemplar la gloria de Dios, ellos deberían sed del "Agua Viva", Dios. Sal produce sed.

Temor y temblor no debe ser malinterpretado como la duda y la ansiedad, pero reverencia a un cariñoso, amable y omnipotente Dios en respuesta a Su Gracia.

Por último, se recuerda que Dios es integrous. Él dice que lo que piensa y piensa lo que dice.

¡NO SE OLVIDE DE SU PRIMER AMOR!
Es mi deseo que este escrito llegue al menos una persona y le ayuda a él o ella llevan una vida que agrade a Dios.

Oremos.

Padre, te doy gracias por tu gracia y misericordia, lo que permite otro día en el planeta Tierra. Padre, te doy gracias por Jesucristo, para la salvación, sus beneficios y todas las cosas que hacer en nuestras vidas. Te doy gracias por tu santidad. Te doy gracias por Tu Espíritu

Santo. Padre, te amo. Te honro. Te exaltar y alabar su santo nombre. ¡Bendito sea su Santo Nombre. Que nuestros corazones se fija siempre en Su Palabra Viva! Vamos a ser hacedores y no sólo oyentes de tu Palabra, llegando a ser partícipes espirituales. Vamos a ser agentes de cambio. Que tu Espíritu Santo nos dirija y guíe a toda verdad, que nos da la comprensión, el discernimiento y la comprensión. Deje que su Palabra sea una lámpara a nuestros pies y lumbrera a nuestro camino. Deje que crezca en nosotros poderosamente, la producción de Su naturaleza. Crea en nosotros un corazón puro, la santidad,. Continuar nos derrite, nos moldean, y nos forma para convertirse en la persona que quieres que seamos. Usted ha sido bueno con nosotros! Vamos a por siempre traer gloria a Su nombre. Seamos constructores de paz. Te doy gracias por haberme inspirado a escribir este libro. Es mi deseo que este escrito llegue a la audiencia que destinado. Rezo para que la vida será cambiado y las personas puedan acercarse más a usted, en nombre de Jesús. ¡Amén!

¡Que Dios los bendiga!

SOBRE EL AUTOR

Mack-Lary es un hombre de familia cristiana. Él nació y se crió en una familia cristiana en Texas. Durante sus años de juventud, se le enseñó acerca de Dios y de Jesús Cristo, leer la Biblia y fue bautizado. Sin embargo, no fue sino hasta aproximadamente catorce años que él en realidad entró en una relación de fe con Dios.

Mack y su esposa viven solos en el suroeste del Condado de Riverside. Tienen tres hijos y ocho nietos.

Mack es el más joven de cuatro hermanos nacidos de sus padres, que son ambos ya fallecidos. Recibió su educación formal en el Estado de Texas y asistió a la Universidad del Sur de Texas por dos años y medio antes de unirse a la Fuerza Aérea, donde pasó cuatro años antes de ser dado de baja honorablemente. Más tarde recibió una Licenciatura en Artes en la ciencia del comportamiento en Cal Poly de Pomona, California.

Mack se retiró del servicio del Estado a tiempo completo después de 31 años.

Mack y su esposa son fieles cristianos. Mack tiene un corazón para ganar almas, el Ministerio de la Reconciliación, visitar a los enfermos y los ancianos, y ayudar a los necesitados. Él relata estas experiencias como dichosa.

www.ingramcontent.com/pod-product-compliance
Lightning Source LLC
Chambersburg PA
CBHW051048030426
42339CB00006B/247